AF312081

PROJET

RELATIF A L'ÉTABLISSEMENT

D'UN

MANÉGE MILITAIRE A PARIS

Présenté à S. A. R.

Mgr LE DUC DE NEMOURS

Par M. le Comte Max. CACCIA,
Lieutenant au 9ᵉ de Hussards.

PARIS.

IMPRIMERIE LE NORMANT,
RUE DE SEINE, 8.

1844

MONSEIGNEUR,

Il y a un an qu'à pareille époque on s'occupait du projet de fonder un Manége pour les Écoles Militaires et la garnison de Paris.

Aujourd'hui le Manége est construit, mais tout manque à cet établissement pour qu'on puisse s'en servir.

Le but des observations que j'ai l'honneur de soumettre à Votre Altesse Royale n'est pas, Monseigneur, de faire ressortir le tort d'avoir employé à la construction d'un bâtiment inutile une somme considérable avec laquelle on aurait pu entretenir, dans un des manéges de Paris, une École d'équitation militaire ; mais puisque le Manége qui vient d'être achevé est là pour prouver que l'on a sérieusement pensé à doter Paris d'une École Militaire d'équitation, je m'appuie sur ce témoignage, Monseigneur, et bien plus en-

core sur votre royale sollicitude pour
tous les intérêts de l'armée, en appelant l'attention de Votre Altesse Royale
sur le projet que j'ai l'honneur de lui
présenter.

Plein de confiance dans la justice de
Votre Altesse Royale, je suis convaincu,
Monseigneur, que, quel que soit le jugement porté sur mon travail, votre
généreuse bonté pardonnera aux erreurs qui peuvent s'y trouver, en faveur de mon zèle et de mes efforts
pour me rendre utile à l'armée et mériter l'estime de mes chefs.

C'est dans cet espoir, Monseigneur,
que je prends la liberté de soumettre

ce projet à Votre Altesse Royale, et de la supplier de l'honorer de son bien-veillant et puissant patronage.

Je suis de Votre Altesse Royale,

Monseigneur,

Le très-respectueux et très-obéissant serviteur

Comte Max. CACCIA,
Lieutenant au 9e de hussards.

Paris, le 5 février 1844.

PROJET

RELATIF A L'ÉTABLISSEMENT

D'UN

MANÉGE MILITAIRE A PARIS.

Le but qu'on se proposait en faisant construire un manége sur le terrain de l'École Royale d'État-Major, était, je crois, de créer une Ecole d'équitation pour les écoles militaires et la garnison de Paris.

Le manége est achevé, et rien pourtant n'est encore changé, quant à l'équitation, dans les cours habituels de l'École Royale d'Etat-Major et de l'École-Polytechnique.

Si je ne me trompe, l'obstacle à l'exécution d'un projet si utile provient de la dépense qu'occasionneraient l'établissement et l'entretien de tout ce qui serait indispensable pour mettre en activité le nouveau manége.

Partant de ce principe, je vais d'abord parler 1° des bases sur lesquelles doit être établie une bonne École d'équitation ;

2° Des éléments qui la feraient marcher ;

1844

3° Des frais que toutes ces choses réunies occasionneraient.

J'exposerai ensuite mes moyens pour arriver au but qu'on désire atteindre, et je ferai voir en même temps comment on peut éviter les dépenses auxquelles on ne peut subvenir.

CHEVAUX.

Les chevaux doivent être dans la proportion de un pour trois élèves.

Le manége aurait trois cent quarante-huit élèves (1), sans compter ceux que la garnison de Paris pourrait lui envoyer; mais l'instruction donnée à ces derniers serait l'objet d'une décision ultérieure de M. le ministre de la guerre, et en conséquence de cette décision, le nombre des chevaux serait augmenté dans la proportion que je viens d'indiquer.

Pour le premier établissement de l'École, il faudrait donc cent seize chevaux, et une réserve de trente-quatre chevaux. Cette réserve compren-

---

(1) Ecole Royale d'État-Major. 48

Ecole-Polytechnique 300

drait les chevaux malades, ceux en dressage et ceux destinés à un service spécial ; en tout cent cinquante chevaux.

PROFESSEURS ET EMPLOYÉS.

Un écuyer commandant.
Deux écuyers en second.
Quatre sous-écuyers.
Un vétérinaire.
Un maréchal et ses aides.
Un comptable.
Un maître sellier.

MATÉRIEL.

Un harnachement complet par cheval, tel que : un licol, un bridon d'abreuvoir, une couverte, une sangle, une bride, une selle.

Une sellerie garnie de tous les instruments nécessaires au manége tels que : caveçons, plates-longes, selles-à-piquer, chambrières, etc.

Voilà les bases indispensables à l'établissement d'un manége dont on veut tirer de véritables services ; toute autre organisation retomberait dans le cercle vicieux où sont enfermés les manéges de spéculation, et il est facile de comprendre pourquoi ces manéges ne peuvent rendre de bons services, quand on sait qu'un établissement de ce genre ne peut rapporter des bénéfices que par un nombre d'élèves beaucoup plus grand que celui des chevaux, et que pour avoir beaucoup d'élèves, il faut sacrifier à leurs caprices et l'ordre et la sévérité des principes. En effet, toutes les soumissions qui ont été faites par des maîtres de manége ne différaient entre elles que par le prix, mais jamais par le mode d'instruction; c'est que toutes ces soumissions étaient basées sur un calcul, et que naturellement, dans ce calcul, la principale pensée est l'intérêt de celui qui le fait.

Il faut donc bien se convaincre d'une chose, c'est qu'on doit renoncer à avoir une bonne École d'équitation tant qu'on ne sortira pas des spéculations. Un manége est toujours un établissement d'une grande dépense, qui ne peut convenir qu'à ceux qui ne mettent pas en balance les frais avec les bénéfices, mais avec l'utilité ou le plaisir.

Autrefois tous les grands seigneurs avaient des manéges. Personne n'en a aujourd'hui ; c'est une affaire de goût; la mode la ramènera comme elle l'a enlevé. Voilà pour le plaisir, et cela n'est pas de notre sujet.

Mais ce qui en est, c'est l'utilité, et je dis que

pour l'utilité, le gouvernement doit avoir une École d'équitation modèle dans sa capitale.

Loin de moi la pensée de dire rien de désobligeant pour MM. les professeurs d'équitation. Je suis au contraire plein d'admiration pour ces hommes qui sacrifient leur vie à une carrière qui ne rapporte plus ni honneurs ni richesses. Je reconnais leur utilité en cela que, s'il ne leur est pas permis de transmettre leur science, il n'en est pas moins vrai qu'elle est là, cette science, encore vivante et active en eux, et qu'on saura où la trouver lorsqu'on en aura besoin.

Je ne crains donc pas d'être démenti en disant qu'eux et moi nous gémissons de l'impuissance où ils sont de tirer parti de leurs talents et de leurs fatigues.

Je reviens à mon sujet, et je dis que les bases que j'ai posées plus haut coûteraient :

Cent cinquante chevaux à la moyenne de mille francs par cheval : je comprends dans cette somme les frais de voyage et conduite....... 150,000

Cent cinquante harnachements complets à cent francs chaque.......... 15,000

Un fond de sellerie 1,000

Total.................... 166,000

ENTRETIEN PAR AN.

La nourriture de cent cinquante chevaux, à deux francs par cheval chaque jour, fait par jour trois cents francs et par an.......... 109,500

Remonte annuelle à la moyenne de cinq chevaux 5,000

L'abonnement du vétérinaire, ferrage compris, à trois francs par mois par cheval, fait par an............ 5,400

L'entretien du harnachement, à vingt francs par mois par cheval, fait par an.......................... 36,000

Les appointements de l'écuyer commandant. 3,000

Les appointements de deux écuyers à deux mille francs chacun.......... 4,000

Les appointements de quatre écuyers élèves à mille francs chacun......... 4,000

Les gages du maître sellier........ 1,200

Les gages de son aide........... 500

Les gages de trente palefreniers à soixante-quinze francs chacun par mois 27,000

L'habillement des palefreniers à cinquante francs par homme.......... 3,000

Total.................... 198,600

D'après ce tableau, les frais d'achat reviendraient à la somme de : francs....... 166,000

Et ceux d'entretien, par an, à la somme de : francs................ 198,600

En tout................. 364,600

Cette somme, trois cent soixante-quatre mille six cents francs, ne comprend pas absolument tous les frais d'un établissement tel que celui dont il est ici question; mais comme les économies que je vais proposer ne s'étendent pas au-delà des détails ci-dessus, je ne me suis pas occupé des autres. Il est évident d'ailleurs que j'ai représenté les plus fortes dépenses, et par conséquent celles qu'il est le plus important d'éviter; car il n'est plus question des frais de construction, puisque le manége est achevé.

Encore une fois, ce manége tout neuf, qui n'attend plus qu'un ordre pour s'animer par son noble et utile emploi, m'est une garantie que ceux-là mêmes qui ont eu l'heureuse pensée de le faire construire n'hésiteront pas à le mettre en activité, si, comme je l'espère, les moyens que je vais proposer ont leur approbation.

ÉCONOMIE.

CHEVAUX.

C'est parmi les chevaux de remonte que je prendrais les chevaux du manége militaire.

La moyenne des jeunes chevaux, dans la cavalerie, est de soixante par régiment.

Paris a deux régiments de cavalerie, Versailles deux, Saint-Germain un ; ces cinq régiments donnent déjà un nombre de trois cents chevaux. En supposant que, par une circonstance presque impossible, ces cinq régiments ne fournissent pas la quantité voulue, on y suppléerait par les garnisons de Fontainebleau, Melun, Rambouillet.

Le voisinage de ces localités fait que la conduite des chevaux à l'École ne coûterait rien (1).

HARNACHEMENT.

Les chevaux apporteraient avec eux leur harnachement complet, c'est-à-dire celui qu'ils ont en entrant dans les écuries de remonte des régi-

---

(1) Les trente-six chevaux de réserve devant rester indéfiniment au manége, il serait convenable de les prendre parmi les chevaux de réforme des haras royaux.

ments ; et c'est précisément celui-là qui serait nécessaire pour le service du manége.

NOURRITURE.

La nourriture des chevaux serait la même, et prise de la même manière que dans les régiments, à un franc la ration, ce qui donnerait une économie de la moitié sur la somme ci-dessus affectée à la même dépense.

La santé des chevaux serait sous la direction du vétérinaire attaché au régiment occupant le quartier d'Orsay ; le ferrage, également sous les ordres de ce vétérinaire, serait exécuté par des maréchaux pris parmi les palefreniers du manége.

ENTRETIEN DU HARNACHEMENT.

Le harnachement et la sellerie seraient entretenus par des ouvriers militaires pris dans la garnison de Paris, ce qui économiserait la dépense du maître sellier et d'un garçon.

ÉCUYERS.

L'écuyer commandant serait capitaine ; il serait pris dans la cavalerie, au choix de M. le Ministre de la guerre et nommé par le Roi.

Les deux écuyers en second seraient un lieutenant et un sous-lieutenant de cavalerie, désignés et nommés de la même manière que l'écuyer commandant.

Les quatre sous-écuyers seraient des sous-officiers pris dans les diverses armes de la cavalerie, sur la proposition de leurs colonels et nommés par M. le Ministre de la guerre.

Ces écuyers et sous-écuyers ne coûteraient rien à l'État, puisqu'ils n'auraient aucune augmentation dans la solde attachée à leurs grades. Les avantages de leur position seront expliqués ensuite.

PALEFRENIERS.

Les palefreniers seraient pris parmi les cavaliers vétérans, leur solde serait la même; on épargnerait ainsi et la dépense des gages, et celle de l'habillement.

D'après mes calculs, indiqués pag. 13, s'élevant à la somme de. 364,000
je trouve une économie de. 3o8,85o
Savoir :

L'achat de cent cinquante chevaux à mille

francs pièce 150,000

L'achat des harnachements........ 15,000

La nourriture des chevaux-à deux
francs par cheval, soit par an cent neuf
mille cinq cent francs, la moitié..... 54,750

Remonte..................... 5,000

Vétérinaire et ferrage 5,400

Écuyer commandant............. 3,000

Les deux écuyers en second...... 4,000

Les quatre écuyers élèves........ 4,000

L'entretien du harnachement...... 36,000

Le maître sellier et son aide...... 1,700

Les gages des palefreniers........ 27,000

Leur habillement............... 3,000

Total................... 308,850

AVANTAGES.

Si mes calculs sont justes, il est inutile de
faire ressortir les avantages qu'ils présentent au
Trésor; ils sont prouvés par des chiffres. Je ne
dirai rien non plus des avantages qu'en retire-
raient les Ecoles militaires de Paris, puisque, s'ils
sont justes, ils réaliseraient le projet qui a fait
construire le manége de l'Ecole Royale d'Etat-
Major. Mais je parlerai des avantages que la cavalerie retirerait de mon projet; et cette tâche

m'est aussi agréable que facile, car j'aurai pour moi tous les chefs de corps.

En effet, quel est le colonel qui n'irait pas au-devant de la proposition qui lui offrirait les moyens de se débarrasser du dressage des jeunes chevaux de son régiment? N'est-ce pas là une des charges les plus lourdes de son administration, une des parties les plus compliquées de ses travaux? N'est-ce pas une entrave au service, un obstacle à l'instruction, une source de réclamations continuelles entre les capitaines commandants et le capitaine instructeur? MM. les colonels diront avec moi que le service des jeunes chevaux affaiblit les escadrons, rend le service pénible, occasionne souvent l'impossibilité de panser les chevaux (1); enfin que les officiers, sous-officiers et cavaliers employés aux jeunes chevaux sont aussi étrangers au régiment que s'ils en étaient détachés.

L'avantage est donc évident, puisque, d'un côté, le régiment qui enverrait ses jeunes che-

---

(1) Quand les jeunes chevaux sont nombreux dans un régiment, il en résulte que quelquefois les escadrons n'ont qu'un homme pour cinq et même six chevaux au pansage.

vaux au manége militaire conserverait en entier son effectif d'officiers et de cavaliers, et que, d'un autre côté, les jeunes chevaux reviendraient dans les escadrons tout aussitôt et tout aussi bien dressés, pour ne pas dire mieux, que si leur dressage avait eu lieu dans le régiment.

Il n'y aurait aucun inconvénient à redouter dans l'envoi des harnachements et effets d'équipement à l'Ecole d'équitation. Ces effets ne seraient livrés que contre un reçu détaillé, et l'Ecole en serait responsable.

Si ce système présente des avantages pour les régiments, il en offre un bien grand aussi pour les officiers et sous-officiers, car il donnerait lieu à la création de trois nouvelles places : une de capitaine et deux de lieutenant et sous-lieutenant.

Ces places, données au choix, et sur la présentation du tableau d'avancement, formeraient une nouvelle source d'émulation et présenteraient une espérance de plus d'avancement.

Les cavaliers désignés pour remplir les fonctions de palefreniers au manége, et pris parmi les soldats portés pour cavaliers vétérans, seraient choisis parmi les meilleurs sujets ; leur sort serait plus heureux et leurs services seraient incomparablement plus profitables.

DISPOSITIONS PRINCIPALES

ET

DISTRIBUTION DU TRAVAIL.

Ecole Royale d'Etat-Major.

Le manége faisant partie des propres bâtiments de l'Ecole Royale d'Etat-Major, MM. les élèves de cette Ecole pourraient y travailler tous les jours, excepté le mercredi et le dimanche, et aux heures fixées par M. le général commandant l'Ecole.

Ils seraient divisés en deux classes, et le cours d'équitation en deux années. La première année serait consacrée au manége civil et à l'instruction de la première classe.

La deuxième année comprendrait le manége militaire et l'école de peloton; le travail serait pour la deuxième classe.

Ecole-Polytechnique.

M. le général commandant l'Ecole-Polytechnique déterminerait le nombre des élèves qui viendraient au manége ; pour moi, je dois supposer qu'ils y viendraient tous, et dans cette hypothèse j'établirai leur travail de la manière suivante :

MM. les élèves de l'Ecole-Polytechnique seraient divisés en deux classes, et leur cours d'équitation en deux années.

La première classe travaillerait pendant la première année dans le manége.

La deuxième classe travaillerait pendant la deuxième année hors du manége.

L'application du travail serait la même que celle pour MM. les élèves de l'Ecole d'Etat-Major.

Deux jours par semaine, le mercredi et le dimanche, leur seraient exclusivement réservés.

D'après ces dispositions, les trois cents élèves pourraient tous travailler dans une même journée, et chacun recevrait une leçon de deux heures. Voici comment :

Soixante élèves travailleraient à la fois ; trente de la première classe dans le manége, et trente de la deuxième classe hors du manége.

Cette division des trois cents élèves donne cinq leçons, et les cinq leçons, de deux heures chacune, donnent dix heures de travail.

Ce cours pourrait être divisé en travail d'hiver et en travail d'été, et les heures en seraient

déterminées par M. le général commandant l'E-
cole.

Officiers de la garnison de Paris.

MM. les officiers de la garnison de Paris pro-
fiteraient du manége, selon les ordres de M. le
ministre de la guerre; ils auraient pour eux tous
les jours de la semaine, excepté le mercredi et
le dimanche.

Je viens, Monseigneur, de développer le projet
que j'ai l'honneur de soumettre à Votre Altesse
Royale.

Permettez-moi de joindre à ces pensées quel-
ques observations qui me sont toutes person-
nelles; non que je sois poussé, en agissant ainsi,
par un sentiment de vanité ou d'ambition, mais
parce que j'ai le vif désir d'appuyer mes tenta-
tives auprès de Votre Altesse Royale sur une
base qui puisse lui inspirer de la confiance.

Je me hasarderai donc à dire à Votre Altesse
Royale que toute ma vie a été consacrée à l'étude
de l'équitation; que cette passion a résisté à tous
les découragements possibles; que je lui ai sa-
crifié des positions et des carrières brillantes,
auxquelles ma naissance et ma fortune me don-
naient droit d'aspirer; que depuis quinze ans j'ai

toujours fait entendre ma voix dans l'intérêt de l'équitation; que depuis dix ans que je suis au service, je n'ai pas cessé un instant de reporter sur l'armée l'application de toutes mes études, l'emploi de tout mon temps, la préoccupation de toutes mes pensées, et pourtant que, pendant ces dix ans, jamais je n'ai pu obtenir, je ne dis pas une position spéciale et en rapport avec mes goûts, mais d'être jugé, mais d'être écouté, moi officier français, tandis que j'ai vu un écuyer plein de talent sans doute, mais totalement étranger à l'armée, jouir de la faveur que j'avais si souvent demandée, celle d'être mis à l'épreuve.

Enfin, Monseigneur, ce n'est qu'après m'être adressé en vain à tous ceux de mes chefs dont la position, par leurs grades, est plus rapprochée de la mienne, que j'ose recourir à Votre Altesse Royale. Je sais, Monseigneur, que Votre Altesse Royale consacre tous ses moments aux choses utiles, et c'est dans cette pensée que j'ose espérer qu'elle ne repoussera pas une démarche consciencieuse et désintéressée qui a pour but le bien de la cavalerie, dont Votre Altesse Royale s'est toujours montré le protecteur.